AF228300

Animales de los océanos

Fauna del bioma

Lisa Colozza Cocca
y Santiago Ochoa

ANTES Y DURANTE LAS ACTIVIDADES DE LECTURA

Antes de la lectura: *Desarrollo del conocimiento del contexto y el vocabulario*

Construir el conocimiento del contexto puede ayudar a los niños a procesar la información nueva y a usar la que ya conocen. Antes de leer un libro, es importante utilizar lo que ya saben los niños acerca del tema. Esto los ayudará a desarrollar su vocabulario e incrementar su comprensión de la lectura.

Preguntas y actividades para desarrollar el conocimiento del contexto:

1. Ve la portada del libro y lee el título. ¿De qué crees que trata este libro?
2. ¿Qué sabes de este tema?
3. Hojea el libro y echa un vistazo a las páginas. Ve el índice, las fotografías, los pies de foto y las palabras en negritas. ¿Estas características del texto te dan información o ayudan a hacer predicciones acerca de lo que leerás en este libro?

Vocabulario: *El vocabulario es la clave para la comprensión de la lectura*

Use las siguientes instrucciones para iniciar una conversación acerca de cada palabra.

- Lee las palabras del vocabulario.
- ¿Qué te viene a la mente cuando ves cada palabra?
- ¿Qué crees que significa cada palabra?

Palabras del vocabulario:
- adaptado
- barbas
- congregar
- corriente
- ecolocalización
- eléctricos
- esca
- sensoriales
- verticales

Durante la lectura: *Leer para entender y conocer los significados*

Para lograr una comprensión profunda de un libro, se anima a los niños a que usen estrategias de lectura detallada. Durante la lectura, es importante hacer que los niños se detengan y establezcan conexiones. Esas conexiones darán como resultado un análisis y entendimiento más profundos de un libro.

Lectura detallada de un texto

Durante la lectura, pida a los niños que se detengan y hablen acerca de lo siguiente:

- Partes que sean confusas.
- Palabras que no conozcan.
- Conexiones texto a texto, texto a ti mismo, texto al mundo.
- La idea principal de cada capítulo o encabezado.

Anime a los niños a usar las pistas del contexto para determinar el significado de las palabras que no conozcan. Estas estrategias los ayudarán a aprender a analizar el texto más minuciosamente mientras leen.

Cuando termine de leer este libro, vaya a la penúltima página para ver las **Preguntas relacionadas con el contenido** y una **Actividad de extensión.**

Índice

Biomas

Un bioma es una gran región de la Tierra con seres vivos que se han **adaptado** a las condiciones de esa región.

Los biomas oceánicos cubren aproximadamente el 70 por ciento de la superficie de la Tierra. El agua salada de estos biomas está siempre en movimiento. Puede estar caliente, fría o parcialmente congelada.

Los océanos Atlántico, Pacífico, Índico, Ártico y Austral son biomas oceánicos. Los mares de Bering, Mediterráneo, Caribe, Arábigo y de la China Meridional también son biomas oceánicos. Algunas bahías y golfos también son biomas oceánicos.

Los biomas oceánicos se dividen en tres zonas **verticales**. La zona afótica es la parte más profunda del océano. El agua es fría y completamente oscura. Tiene pocas fuentes de alimento. El fondo de un océano tiene zonas bajas y zonas altas. Cuando la tierra es más alta, el agua no es lo bastante profunda como para tener una zona afótica.

Zonas de luz del océano

La zona disfótica, o zona crepuscular, es la capa intermedia. Recibe un poco de luz solar.

La zona eufótica es la capa superior de 656 pies (200 metros) de agua, en ella pasa la luz solar. La mayoría de las plantas y animales de los océanos vive en esta zona.

¿Sabías que?

Las plantas y algas que crecen en los biomas oceánicos proporcionan la mayor parte del oxígeno de la Tierra.

La zona afótica

Los animales de la zona afótica suelen tener los ojos muy grandes. El calamar vampiro solo mide entre 6 y 12 pulgadas (15 y 30 centímetros) de largo, pero tiene los ojos del mismo tamaño que un perro grande. Tiene luces en la punta de cada tentáculo. Utiliza las luces para comunicarse con otros calamares vampiro.

¿Sabías que?

Los calamares vampiro se alimentan de nieve marina, pequeños pedazos de plantas y animales que caen del agua que está más arriba. Los pedazos se acumulan en las células pegajosas de sus tentáculos.

Al igual que el calamar vampiro, el calamar gigante también vive en esta zona. Tiene los ojos más grandes del reino animal. Los ojos grandes ayudan a estos habitantes de la oscuridad a absorber más luz para detectar presas y depredadores.

calamar gigante

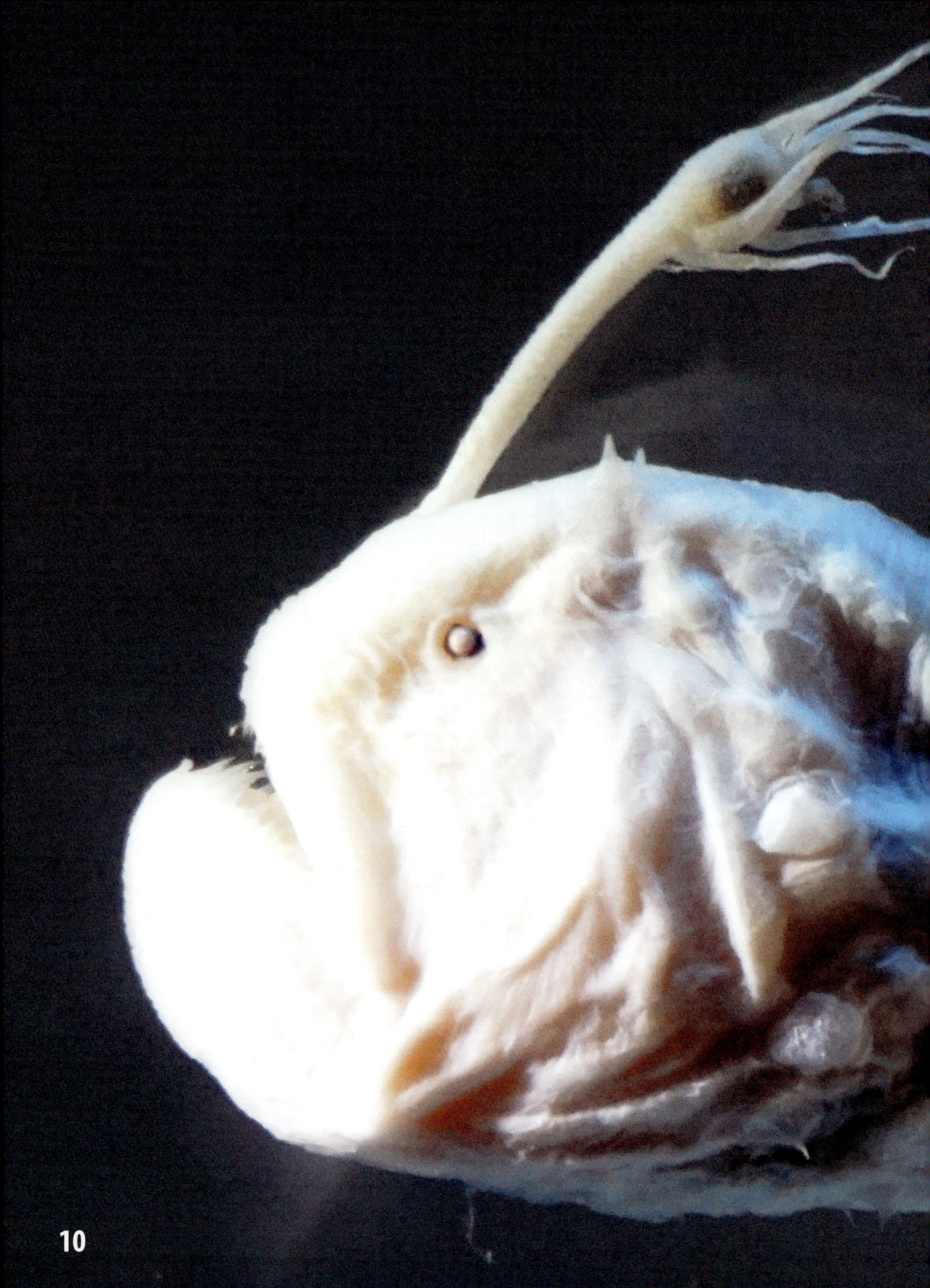

   El lophiiforme tiene una enorme cabeza con una gran
boca. En las hembras, una aleta sobresale por encima
de la boca. Parece una vara de pescar. En la punta de
la vara hay un pequeño órgano llamado **esca**. Contiene
millones de bacterias que producen luz. La piel de la
vara brilla en la oscuridad y atrae a otros peces.

Los dientes largos y ganchudos del engullidor negro se cierran como una cremallera. El pez sigue a su presa y le muerde la cola. Los dientes pueden ser movidos hacia adentro para halar a la presa. A continuación, los dientes se mueven hacia adelante para encerrar a la presa.

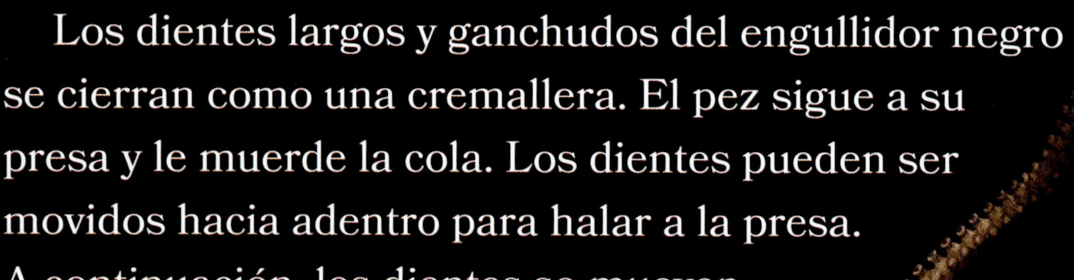

¿Sabías que?

Tanto el lophiiforme como el engullidor negro pueden tragar presas del doble de su tamaño. Son capaces de vivir durante días con una sola captura.

La zona disfótica

La mayoría de los 300 tipos de pulpos vive en la zona disfótica o crepuscular. Pueden cambiar de color para confundirse con su entorno. Los pulpos también pueden utilizar sus ocho largos brazos para construir guaridas con grandes rocas. Se meten en ellas y bloquean la entrada con otra roca para aislarse de los depredadores.

Los pulpos no tienen huesos. Para atrapar a sus presas, pueden entrar a cualquier espacio lo bastante grande como para meter sus ojos.

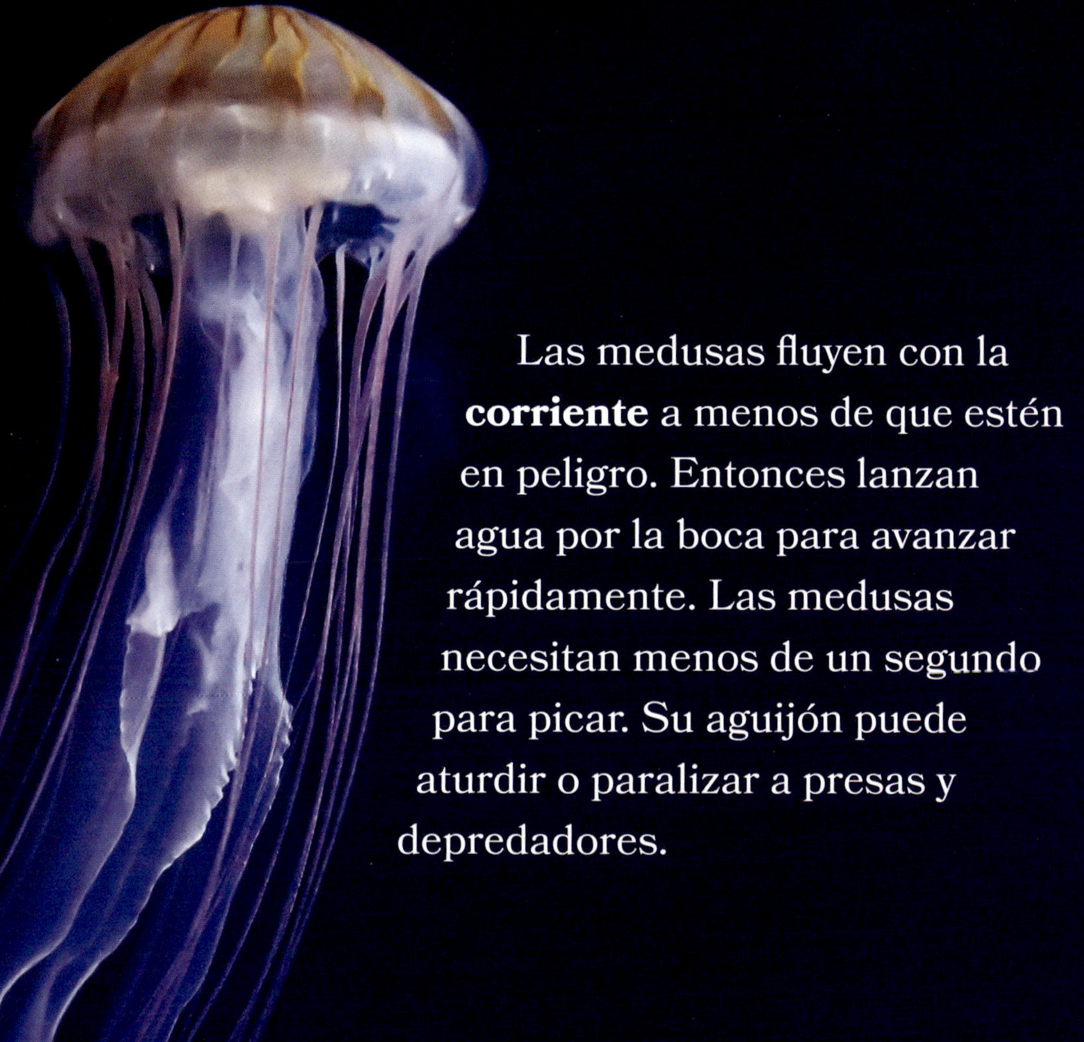

Las medusas fluyen con la **corriente** a menos de que estén en peligro. Entonces lanzan agua por la boca para avanzar rápidamente. Las medusas necesitan menos de un segundo para picar. Su aguijón puede aturdir o paralizar a presas y depredadores.

La zona eufótica

El animal más grande de la Tierra, la ballena azul, vive en la zona eufótica. Puede llegar a medir 100 pies (30.5 metros) de largo. Su lengua puede pesar tanto como un elefante. Su corazón puede pesar tanto como un auto.

¿Sabías que?

La ballena azul come más de cuatro toneladas (3.6 toneladas métricas) de krill cada día.

La ballena azul tiene ranuras en la piel de la garganta y del pecho que se abren como un acordeón para tomar agua. De la mandíbula superior cuelgan unas placas de material similar a las uñas, llamadas **barbas**.

La ballena azul traga agua, cierra la boca y utiliza la lengua para expulsar el agua a través de las barbas. Las barbas atrapan unos pequeños crustáceos en forma de camarón llamados krill para que no puedan escapar con el agua.

Los delfines nariz de botella están entre los animales más inteligentes de la Tierra. Viajan en grupos llamados vainas y se comunican entre sí a través de chillidos y silbidos.

Los delfines nariz de botella trabajan en grupo para
congregar a los peces y facilitar su captura. Incluso siguen a
los barcos de pesca y a las ballenas para comer sus sobras.

¿Sabías que?

Las ballenas azules y los delfines nariz de botella utilizan la
ecolocalización para encontrar a sus presas. Hacen sonidos
bajo el agua que rebotan en la presa y regresan. Escuchan el
eco para saber dónde se encuentra la presa.

Los tiburones martillo tienen ojos muy abiertos que les permiten ver a sus presas nadando por encima, por debajo, por delante y a ambos lados de la cabeza. Unos órganos **sensoriales** especiales repartidos por la cabeza captan los campos **eléctricos** emitidos por otros animales. El tiburón utiliza esta información para encontrar presas, como las rayas, escondidas bajo la arena.

Aves marinas

Muchas aves marinas viven en el océano abierto, alrededor de él y sobre él. El albatros errante tiene la mayor envergadura de todas las aves. Puede planear durante horas sin batir las alas.

El albatros puede detectar peces y calamares en el agua mientras se eleva sobre el océano. Se abalanza sobre ellos y los atrapa con su largo pico ganchudo. Su excelente olfato le ayuda a cazar en la oscuridad. Esta ave también se alimenta de la basura que arrojan los barcos.

Al frailecillo atlántico se le llama a veces loro de mar por su colorido pico. Las pequeñas alas de esta ave dificultan su vuelo. Primero se desplaza por el agua batiendo las alas con mucha fuerza. Una vez que despega, el ave puede volar rápidamente.

En el agua, las pequeñas alas del frailecillo funcionan como aletas. El frailecillo las utiliza, junto con sus patas palmeadas, para sumergirse bajo la superficie. Sus plumas impermeables lo ayudan a flotar en el agua para descansar.

El frailecillo atlántico se alimenta de peces y anguilas. Recoge las presas de una en una hasta que su pico está lleno. ¡En su pico caben unos 20 peces! Luego se come la presa.

¿Sabías que?

Diecisiete especies de pingüinos viven en los biomas oceánicos. Los lentes redondos de sus ojos les ayudan a ver bajo el agua. Cuando los pingüinos bucean, sus oídos se adaptan a la presión de las diferentes profundidades del agua.

El océano es el mayor ecosistema de la Tierra. En él se desarrolla una gran variedad de vida, desde la más pequeña de las fieras hasta el mayor de los mamíferos del planeta. Y esos son solo los que conocemos. ¡Muchas especies oceánicas aún no han sido descubiertas!

Actividad: Experimento del punto ciego

Los tiburones martillo pueden detectar a sus presas en cualquier dirección. La mayoría de los peces tienen uno o más puntos ciegos. Las personas también tienen puntos ciegos. Realiza este experimento para entender mejor por qué la visión del tiburón martillo es importante para su supervivencia.

Qué necesitas

- tira de papel blanco en blanco que mida aproximadamente una pulgada por nueve pulgadas (2.5 por 23 centímetros)
- marcador negro

Instrucciones

1. Dibuja un pequeño signo más de color negro en un extremo de la tira de papel y un pequeño punto en el otro extremo, dejando aproximadamente un palmo de blanco entre ambos.
2. Sujeta el papel de forma que el punto quede a tu izquierda y el signo más a tu derecha, a un brazo de distancia.
3. Cierra el ojo derecho y mira fijamente el signo más con el ojo izquierdo.
4. Acerca lentamente la tira mientras miras fijamente el signo más. ¿A qué distancia desaparece el punto de tu vista?
5. Repite la operación con el ojo derecho abierto y el izquierdo cerrado.
6. Gira el papel para que el signo más quede arriba y repite.
7. Da la vuelta al papel para que el punto quede en la parte superior y repite.
8. Inténtalo con los dos ojos abiertos.

Los lugares en los que ya no puedes ver el punto se llaman puntos ciegos. ¿Por qué crees que no tener puntos ciegos ayuda al tiburón martillo?

Glosario

adaptado: Que ha cambiado sus características físicas o sociales para acoplarse a una situación particular.

barbas: En este caso, material parecido a las uñas que cuelga de las mandíbulas de algunas ballenas.

congregar: Reunir a los animales en un lugar; los delfines congregan a los peces formando un círculo alrededor de ellos y nadando hacia dentro para conducirlos al centro del círculo.

corriente: Parte de una masa de agua que se mueve constantemente en una dirección.

ecolocalización: Proceso por el que se localiza una presa lejana al enviar un sonido y escuchar el sonido que rebota en la presa.

eléctricos: Que contiene corrientes o cargas de electricidad.

esca: Órgano productor de luz que tienen algunos peces marinos.

sensoriales: Que tienen que ver con los sentidos: vista, oído, gusto, olfato o tacto.

verticales: De arriba a abajo o de abajo a arriba.

Índice alfabético

Preguntas relacionadas con el contenido

1. ¿Qué determina las diferentes zonas del océano?

2. ¿Qué contiene la esca de un lophiiforme?

3. ¿Qué hacen las medusas para moverse rápidamente?

4. ¿Cómo le ayudan a comer las ranuras de la garganta y el pecho a la ballena azul?

5. ¿Qué utilizan las ballenas azules y los delfines para encontrar a sus presas?

Actividad de extensión

Muchos animales oceánicos tienen sentidos agudos que les ayudan a sobrevivir en el océano. Si pudieras tener un sentido superpoderoso, ¿cuál elegirías? ¿Por qué? ¿Cómo te ayudaría en tu día a día? Haz una lista de las tareas que crees que serían más fáciles de hacer con tu sentido superpoderoso.

Acerca de la autora

Desde que tiene uso de razón, a Lisa Colozza Cocca le gusta leer y aprender cosas nuevas. Vive en Nueva Jersey, en la costa, y le encanta sentir la arena entre los dedos de los pies. Puedes aprender más sobre Lisa y su obra en www.lisacolozzacocca.com (página en inglés).

PHOTO CREDITS: Cover and Title Page ©danilovi, ©wrangel, ©Louise Cunningham, ©Pobytov, ©Martin Prochazkacz; Pg 3, 8, 13, 18, 23 ©Pobytov; Pg 28, 30, 32 ©Global_Pics; Pg 4 ©CarlaNichiata; Pg 5 ©ttsz; Pg 6 ©Korovin; Pg 7 ©DeborahMaxemow; Pg 8 ©Konstantin Novikov; Pg 10 ©panparinda; Pg 12 ©Boban Vaiagich; Pg 14 ©Charles Lopez ; Pg 16 ©chonlasub woravichan; Pg 18 ©eco2drew; Pg 19 ©jocrebbin; Pg 20 ©Wild &Free; Pg 22 ©EXTREME-PHOTOGRAPHER; Pg 23 ©mauinow1; Pg 24 ©wildestanimal; Pg 25 ©mantaphoto; Pg 26 ©SoopySue; Pg 27 ©fieldwork; Pg 28 ©EXTREME-PHOTOGRAPHER

Editado por: Laura Malay
Diseño de la tapa e interior: Kathy Walsh
Traducción: Santiago Ochoa

Library of Congress PCN Data

Animales de los océanos / Lisa Colozza Cocca
(Fauna del bioma)
  ISBN 978-1-73165-466-3 (hard cover)
  ISBN 978-1-73165-517-2 (soft cover)
  ISBN 978-1-73165-550-9 (e-book)
  ISBN 978-1-73165-583-7 (e-pub)
Library of Congress Control Number: 2022941027

Rourke Educational Media
Printed in the United States of America
01-0372311937